AF497818

# LA COGNOISSANCE
## DE LA BONNE ET MAVVAISE
### FORTVNE.

2.IOINT

2.IOINT

2.IOINT

2.IOINT

1.IOINT

1.IOINT

1.IOINT

1.IOINT

ANVLAIRE

MITOYEN

INDICE

MONT DV SOLEIL.

MONT DE SATVRNE.

MONT DE IVPPITER.

LE P

2.IOINT

AVRICVLAIRE.

MONT DE MERCVRE.

LIGNE MENTALE MORALE OV VNE ...ACH

...CESS.

TABLE OV QVADRAGLE

LIGNE DV QVADRAGLE OV

S'EXTENDANT DE LA MAIN.

LIGNE DV FOIE OV DE L'ESTOMACH

CERVEAV.

LIGNE DV FIE OV DV TRIANGLE OV

TEMPORELLE

1.IOINT.

MONT DV POLICE OV DE VENVS.

MONT DE LA MAIN OV GRESSE.

LA RASCETTE

LIGNE DV

LE POIGNED DE LA MAIN.

À PARIS, Chez Iean Promé, en sa boutique au bout du
Pont neuf, au coin de la ruë Daulphine.

# AV LECTEVR.

POur tirer quelque cognoiſſance de la manuelle Phyſionomie, il faut princi-palement conſiderer la grandeur de la main, puis la qualité, finablement la ſub-ſtance : pour autant que les circonſtances & les accidens en tels iugemens apportent vne grande ſignifiance de ce dont on taſche diligemment ſatisfaire aux humains de-ſirs. Auſquels deſirans ſuruenir, nous nous efforcerons de leur y donner ſuffiſant con-tentement, le plus briefuement qu'il nous ſera poſſible.

# LA COGNOISSANCE
de la bonne ou mauuaise fortune des hommes & des
femmes.

## Des qualitez de la main.

IL faut entendre que la grandeur de la main pro-uient quelquesfois du grand trauail manuel : il aduient mesmes que ceux qui tra-uaillent grandeme nt ont les mains grosses. Encores s'é trouue-il quel-ques de naturellemét grosses : c'està fçauoir par la grosseur des os & des nerfs : & alors les personnes qui les ont telles (soient hómes ou fémes)

font naturellement fortes. La grof-
feur de la main eſt auſſi aucunes-
fois cauſee par grande abõdance de
chair : & les perſonnes de telles
mains ſont naturellemét yvrognes,
viles, & luxurieuſes. qui a groſſes
mains & doigts aigus vers l'extremité des ongles, eſt faux & conuoi-
teux. Mais qui les a larges vers l'extremité eſt fidele & bon compa-
gnon. qui a la paume de la main
large , & les doigts longs, eſt fort
ſubtil és œuures manuelles, & bien
diſpos à ſonner de Ciſtres & Orgues:
& qui l'a petite & les doigts gros,
ſera bon eſcriuain : mais il mourra
d'apoſtume. qui a les mains ny trop
grandes, ny trop petites, mais bien
proportionnées, ſelon la forme du
corps, eſt perſonne bien accõmo-
dee à ſes negoces: & qui a les mains

A iij

petites, est en ses affaires de nature
effeminee, mais insatiable, odieux,
volage d'esprit, & en qui l'on ne se
doit fier. La femme, qui a les mains
verdes, a le diafragme rompu, & la
nature tellement enleuée, qu'elle
est facile à copulation, mais non à
conceuoir. qui a les mains grosses &
grasses, est de gros & lourd esprit:
mais c'est signe de femme fort de-
sireuse & prompte, &c. qui a les
mains longues est fort adroit en ses
affaires, & amoureux des Dames:
Mais qui a les doigts, courbes, mal
disposez, & non bien conioints, est
menteur & bauard: & qui n'accorde
point ses faits à ses paroles. Si quelqu'vn, soit hóme ou féme, se trouue auoir la main sans lignes, il est
bestial, tant en sa vie qu'en autre
chose: sinon qu'elles fussent consó-
mées & perduës par vn trop conti-

nuel trauail. Il y a trois lignes en la main, dót la premiere est nommée Obrupticon: qui commence à l'indice, & se termine à l'Auriculaire. La seconde est semblablement dicte Obrupticon (mais opposite à la premiere) estant ceste seconde soubs le pouce. La troisiesme est posée entre ces deux: lesquelles n'apparoissás, donnent apparence du mal caducq. Si ceste ligne mitoyenne se termine entre l'Indice & le Mitoyen, elle signifie mort subite: si elle se trouue tranchee perpendiculairement par quelque autre ligne, elle denote mort causee par apostume: mais si elle commence de la mitoyenne, elle signifie santé. Si elle est droicte & sans jaunisse, elle signifie verité en paroles; mais estant entre rompuë, fausseté. Si elle jette quelques petites lignes, elle signifie cautelle &

prouidence. Si entre l'Obrupticon
& la mitoyenne se trouuent quelques petites lignes, cela denote
mort parmy gráds hóneurs: pource
que la ligne mitoyenne demonstre
la vie, laquelle estant courte demó-
stre courte vie. Si elle s'estend outre
le milieu de la paume, elle la fait
plus longue : mais estant fourchuë
au bout, cela signifie seculiere,
& neantmoins deuotieuse vie.

DE

A ligne Obruticon, qui est dessouz le pou-ce, se trouuant conti-nuelle & sãs entrebri-sure, signifie mort en la patrie:mais estãt couppée, mort par diuerses infirmitez,&s'il en sort quelques petites lignes,cela denote que l'on passera la mer : mais que possible l'on n'en retournera pas. Si elle a en son extremité lignes en-trebrisantes, auec deux signes figu-rez presque côme estoilles,cela de-note felicité enl'estre du persónage de telle main:Et si en la haute par-tie souz l'indice se trouue quasi cô-me vne estoille, religieusevie.Si elle a deux ou trois pointes, elle signifie

B

recherche de deux ou trois climats. S'il se trouue plusieurs lignes entre l'Obruticon, & le pouce, quasi perpendiculaires vers l'Obruticó elles denotent richesses : Mais si ce sont plusieurs petites croix non perpendiculaires, cela signifie que l'ó souffrira beaucoup pour les biens. Si vers la jointure du pouce il y a vne ligne en forme de rets, composée de plusieurs autres lignes, & qu'il y ait plusieurs fenestres, cela signifie qu'on ne sera iamais fraudé par ses richesses.

## Du pouce, & de ses iointures.

SI le pouce qui a deux iointures, se trouue auoir la ligne, qui est aupres la main, jaunastre: cela denote richesse & gloire. Si la ligne de la iointure du pouce est totalement estenduë aupres de l'ongle, si qu'elle enuironne le pouce, tel signe menace que l'on sera pendu : & si elle discontinuë d'vn costé, on sera decapité. Toutes-fois il faut tousiours entendre que telles choses soient approuuées par les cóstellations, lesquelles neantmoins ne cótraignent les personnes si fort qu'elles ne puisset euiter les malheurs. Mais auant que passer plus outre, nous auons icy peint les lignes manuelles.

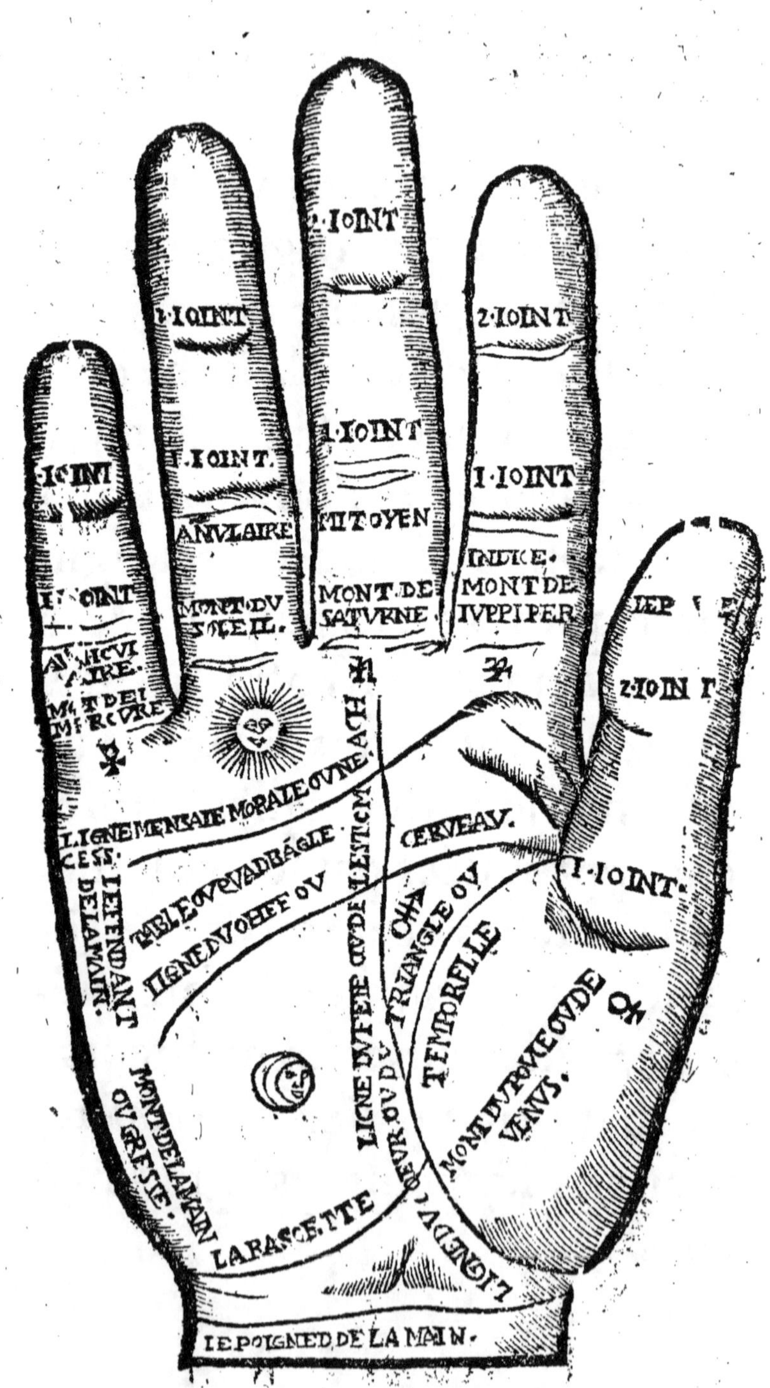

2.IOINT
1.IOINT
2.IOINT
2.IOINT
1.IOINT
1.IOINT
1.IOINT
1.IOINT
ANVLAIRE
MITOYEN
INDICE
MONT DV SOLEIL.
MONT DE SATVRNE
MONT DE IVPPITER
AVRICVLAIRE.
MONT DE MERCVRE
LE PO...
2.IOINT
LIGNE MENSALE MORALE OV NE... ATH
CERVEAV.
TABLE OV QVADRAGLE
LIGNE DV OEFF OV
LIGNE INFERIEVRE OV DE L'ESTOM...
TRIANGLE OV
TEMPORELLE
IE TENDANT DE LA MAIN.
1.IOINT.
MONT DV POVCE OV DE VENVS.
MONT DE LA MAIN OV GRESSE.
LARASCETTE
LIGNE DV EVR OV DV
LIGNE DV
LE POIGNED DE LA MAIN.

Aduenant doncques qu'il ne se trouue des lignes entre la premiere & seconde jointure du pouce, on prendra de la ligne de petite suffisance : mais s'il y a certaines lignes à l'enuiron, autant qu'il y en a, autant signifient-elles de concubines : & si dessoubz la paume à costé s'en trouue aucunes, autant de lignes, autant d'enfans.

---

## DES QUATRE DOIGTS
### de la main, & de leurs lignes.

Maintenant nous parlerons des quatre doigts, qui sont l'indice, le mitoyé, l'ânulaire & l'auriculaire, & ont trois apparentes jointures, en chacune desquelles ne se trouue plus d'vne ligne ; cela denote mort soudaine. Mais s'ils s'y en rencontre deux également distantes , c'eſt ſigne d'vn homme veritable & bon. A propos de-quoy il vous faut eſtre aduertis qu'on voit quelquesfois en vne main pluſieurs ſignes differents, & qu'alors on doit aſſeoir le iuge-ment ſelon la plus grande quan-tité , & meſme ſelon les plus forts, pour autant qu'ils ſont de plus grande efficace , non ſeulement que la moindre quantité , mais en-cor que les moins fortes.

---

## Du reſte des lignes apparentes és jointures des quatre doigts.

SI en la mitoyenne jointure de chaſque doigt ne ſe trouue nullé ligne , & qu'il y en ait deux és deux autres jointures, cela deno-tera tres-aſſeurément la perte de l'vn des yeux.

## De la couleur de la main, & des lignes d'icelle.

SI les lignes de la main se trouuent rouges, soit à homme,
ou à femme, la personne est sanguine: mais si elles sont rouges &
larges, & non les mains, elle est lu-
xurieuse. Et cecy est tresbon pour
cognoistre la virginité tant d'vn
garçon, que d'vne fille: pour autant
que les ayans longues, & non larges
ny rouges, ils sont vierges indubi-
tablement.

## De la ligne de vie, & des autres principales.

SI la ligne de vie entre le pouce
& le prochain doigt est enflee,
tant à l'homme qu'à la femme, cela denote inclination à homicide.

Si l'on voit vne croix souz la ligne
capitale, c'est signe qu'on acquer-
ra auec difficulté grande. Si la vitale est droicte & estenduë iusques
aubout d'embas de la main, c'est
signe de longue vie, d'audace & de
bonne disposirion : mais si elle discontinuë, & qu'elle soit courte,
tant en l'homme qu'en la femme,
peu souuent, ou iamais, paruien-
dront ils à leurs attentes : & si elle se
trouue auoir de tels rameaux,
tendans en haut, cela signifie hô-
neurs : & tout au contraire, se jet-
tans contre bas. S'il y a en bas
vers la tascette ou racine de main
vne telle figure O, cela denote perte d'vn œil, & s'il s'y en trouue
deux OO, perte de tous les deux.
S'il y a en la fin de ceste-cy vn petit
triangle, cela signifie desir d'estu-
dier, conuoitise de gloire, & peur

où il n'en est besoin. Si la ligne
Capitale est bien cótinuée & droicte, cela signifie bonne complexion de teste & de cerueau: mais si
elle est suffisamment longue, tellement qu'elle s'estende iusques au
mont de la main, elle deno-
te bonne vie: & si elle est si courte qu'elle ne passe la concauité de
la main, elle signifie que la personne est paoureuse, auare, & de
petite foy: & si elle se rencontre
fourchuë vers la partie d'embas,
elle denote seculiere, & neantmoins deuote vie. Si la ligne de
l'estomach, ou du foye, est continuelle & bien coulouree, elle signifie bóté d'estomach & de foye;
mais si elle n'apparoist, ou qu'elle
discontinuë, elle denote le cótrai-
re; & si elle est fort rouge vers la vitale, elle signifie douleur de teste

C

 par l'indiſpoſition du foye : & ſi elle
eſt fenduë d'vn coſté , tant qu'elle
paruienne iuſques dás la concauité de la main ; c'eſt ſigne d'vne prochaine maladie. Le Triangle preſque equilateral , ſignifie l'homme fidele , de longue vie , ayma-
ble , & fameux. quant à l'angle du
Triangle , cauſé par la vitale & par
la ligne Capitale, il ſe termine en
trois ſortes. La premiere eſt quand
la Vitale & la Capitale ſe ioignent
dans la concauité de la main , qua-
ſi par l'oppoſite de l'eſpace, qui eſt
entre l'indice & le doigt Mitoyen,
ce qui à l'heure ſignifie miſerable
vie, captiuité , & ſolicitude pour
amaſſer deniers. La ſeconde eſt,
quand icelles lignes s'aſſemblent
par l'oppoſite du milieu de l'indice:
& alors c'eſt ſignifiance de bonne
diſpoſition & de ſubtilité d'eſprit.

La troifiefme eft , quand telles lignes font diftantes l'vne de l'autre, ce qui fignifie alors l'homme eftre déplaifant, fafcheux, fol, cruel: mais beau parleur, propre , mefdifant , prodigue & menteur. Si la ligne du pouce eft vnie en la iointure aupres de la main, & qu'elle foit continuelle, elle denote profperité en biés: mais fi elle eft efcartée çà & là , fignifie qu'ils feront follement diffipez. Si la ligne de la iointure du pouce , aupres de l'ongle , enuironne totalement le pouce, cela fignifie que l'homme ayant telle main, fera pendu; ou qu'il aura la tefte trenchée , ou pour le moins, qu'il fera autrement iufticié pour fes delicts : & aduenant qu'elle difcontinuë en quelque petite partie, cela donne à entendre qu'on pourroit euiter tel

danger, pourueu que l'on vſaſt de
prudence.  L'angle cauſé de la Vitale & de la ligne du foye, eſtant
droit & bien apparér, denote bonté
de cœur & forte vertu , & la complexion naturellement encline à
bien : & s'il eſt droict, ou aigu, il
denote auarice: mais s'il n'y a point
d'angle, ou que les lignes s'aſſemblent, cela ſignifie varieté & inſta-
bilité d'eſprit, infidelité.  L'Angle, cauſé de la ligne Capitale &
de celle du foye, eſtát bien diſpo-
ſé ; ſignifie bon eſprit & longue
vie. Si la Menſale eſt droicte, large
& continuë , elle denote bonne
diſpoſition naturelle, & vertu és
genitoires: mais s'allongiſſant outre la moitié de l'indice , ſignifie
cruauté, ire, enuie, & detraction
d'autruy: & ſi elle a les rameaux té-
dans en haut, elle ſignifie exalta-

tion & honneur, y montant le pau-
ure peu à peu : & si le haut de telle
ligne va cercher celle du chef, c'est
signe d'vn flatteur & mensonger,
& qui murmure & picque en ab-
sence : & si telle ligne regarde le
doigt mitoyen, c'est signe d'estre
aydé de fortune : mais si elle entre
dedans le doigt mesme, cela signifie de n'estre iamais sans trauaux :
& si elle a certaines creuaces, ce
sont marques de paillardise & mé-
chanceté, & si elle est continuelle
& marquetee de petits poincts,
elle signifie debilité de naturelle
chaleur, & impuissance à engen-
drer. S'il y a vne ligne au Mont du
pouce, ou pres de la vitale, cela signifie paillardise, & que l'ó mourra hors d'auec les siens : & si vne ligne venant presque de la racine
du pouce fend la vitale, cela signi-

## DE LA MAIN DEXTRE,
### tant de l'homme que de la femme.

Vand l'on verra quelques apparences rouges, quasi comme trous entrecoupez en la main de la femme, & qu'on y trouue vne telle figure Y esleuée, alors on peut dire qu'elle est enceincte : & si telle figure tend deuers l'angle en ceste façon, Λ ce sera d'vne fille. Si la vitale s'enfle entre le Pouce & l'indice, c'est signifiance que son fruict sera suffoqué, ou quelque autre de ses enfans ; & si elle est teinte de diuerses couleurs, c'est à dire qu'elle s'abandonne à plusieurs hommes. Si la ligne du foye & de l'estomach a deux fourchons deuers le bras F,

en telle maniere , cela signifie
qu'elle mourra de mort violente
pour larrecin, ou qu'elle mourra au feu. S'il y a des croix au
Mont de l'Indice, ou lignes apparentes, elles signifient honneurs &
dignitez : mais si au Mont du mitoyen se trouuent certaines lignes
entre-meslees, ou estenduës à par-
soy, elles denotent angoisses, fas-
cheries, pauuretez, calomnies, em-
poisonnemét, violéces, & oppres-
sions. S'il en naist dans la concauité de la main, & qu'elles s'esten-
dét outre par la iointure du doigt,
elles denotent que la femme sera
mise en prisó, & aucunefois qu'elle mourra, si les lignes sont fort estenduës. Si l'on trouue au Mont
du milieu certaines apparentes lignes, elles signifient auancemens,
subtilité d'esprit , & recherche de

diuers arts: & si certaines lignes les
fend, cela denote empeschement.
Si l'on void quelques lignes pro-
ceder de la racine de l'Auriculaire
par le Mont d'iceluy, tendans vers
le Mont de la main, elles signifient
la femme mensongere, desordon-
née, sujette à desrober par larrecin
& insidiations. Si la table de la
main est large & ample, elle signifie largesse, bonne disposition, &
amitié ; mais si elle est droicte,
discord, auarice, & inimitié. Si l'on
trouue quelques lignes au Mont
de la main, tendants vers la Mensale, elles signifient amis estran-
ges: mais si elles tendent vers la fin
d'embas, elles denotent amis de la
nation ou parenté. Si en la percussion de la main se trouue tel signe
Λ, il signifie mortels ennemis, ou
perir de casuel precipice. Si l'on
vo~id

void vne telle figure au Mont
de la main, aupres la vitale, & ioi-
gnant le poignet, elle signifie par-
ricide ou sacrilege: & que la femme est tres-meschante & paillarde.
Si la ligne qui est au bras & en la
main, au poignet, est droicte &
continuelle, cela denote la femme
estre plus curieuse de ses affaires
que de celles d'autruy: mais si elle
est tortuë ou brisee, plus de celles
d'autruy que des siennes propres.
S'il se trouue quelque poil, nœud
ou superfluité de chair en la racine
du Mitoyen, ou de l'indice, ou en
leur seconde ioincture, enuiron
ces espaces d'entre deux, cela signifie trauaux desmesurez & presque
cótinuels, & diuersitez d'entrepri-
ses. Si en la main y a lignes trauer-
santes, qui fendent les lignes naturelles, cela signifie d'estre em-

D

ployé & entremis en diuers negoces : & s'il y a en la main d'vne femme plusieurs lignes , cela signifie
qu'elle est bestiale. Si au muscle de
l'auriculaire hors la ioincture , ou
iointures, apparoist vne ligne obli-
que , elle signifie submersion ou
danger d'eau en l'enfance : & si elle
est au Mitoyen , en l'adolescence:
en l'anelier, à my-aage : en l'indice
sur la vieillesse,& au pouce, en l'aa-
ge decrepit. Si les doigts sont longs
& menus : ils signifient bon esprit
principalement és mecanicques:
mais s'ils sont courts, denotét l'hóme fol & enuieux : & s'ils sont es-
pars, pauureté & misere. Si les ongles sont larges,longs,presque rou-
geastres, c'est bon signe; mais estás
courts, mauuais. Si és ioinctures
des quatre doigts , prés la main,
n'y a qu'vne ligne , cela denote

mort presque subite : mais s'il y en
a dauantage, longue infirmité &
difficile mort.

---

## DE LA QUALITE',
*quantité, proportion & li-
neature de la main.*

Ous parlerons prin-
cipalement de la quá-
tité : pource qu'elle
est plus prochaine de
la substance imme-
diatemét:dont nous disons que la
parfaicte quátité de la main consiste en trois manieres. La premiere
est, qu'elle soit en son genre de
condecente proportion & grandeur. La seconde est, qu'elle soit
telle à l'esgard du corps. La tierce,
que toute partie d'icelle corres-
ponde à proportion de l'autre. Qui

a donc telle main, est de bonne nature & complexion, & audacieux:
& qui a les mains courtes à l'esgard
des autres parties du corps, doit
estre tenu pour cauillateur, fin, &
fort: & encores, si les mains & les
doigts sont fort courts, au respect
des autres parties, cela denote que
l'homme est transgresseur, larron,
insidiateur, & malin : mais si les
mains sont assez grandes à compa-
raison du reste, elles signifient l'hóme estre caut, trompeur, bauard,
& mocqueur. Aussi cognoist-on le
paresseux, negligent, & fol, quand
il a la paume longue, auec les doigts
courts & gros : si les doigts de telle
paume sont fort courts, ou fort
longs, ils signifient l'homme
yvrongne : & s'ils sont fort rou-
geastres, flegmatique de complexion. Si les femmes ont la paume

fort courte, ce leur eſt ſigne d'en-
fanter fort difficilement, pour rai-
ſon de la petiteſſe de la fente femi-
nine : eſtant icelle fente ſemblable
à la lõgueur qui eſt du dos du Mitoyen, deſcendant de la premiere
ioincture par la paume iuſques au
poignet : laquelle eſtant doublée
fait la meſure du pied : qui a la paume longue auec doigts propor-
tionnez, eſt induſtrieux en beaucoup de choſes, & meſmement à
la couſture. Les mains charnuës &
bien compaſſees de ioincture à autre promettent longue vie : & les
concaues ( ſoient compaſſees, ou
non) la ſignifiét courte. Les mains
longues & greſles denotent tyran-
nie : & les tenuës & courtes, gour-
mandiſe & bauarderie. Si les mains
& les bras ſont lõgs, qu'ils puiſſent
eſtant le corps de bout & tout droit

s'approcher des genoux, cela denote force de cœur: mais s'il y a hône-
fte grádeur & beauté , cela fignifie
bonté: & fi les doigts font petits &
mols , ils denotent l'homme fol,
cruel, audacieux , & enuieux: & qui
les a fort tenus , c'eſt figne de folie.
S'il y a conuenante efpace en leur
diftance , cela denote legereté &
bauarderie. S'ils font conioints,
pourueu qu'ils foient de facile tráſ-
paréce iufqu'à l'air,) longs & droits
c'eſt figne d'vn grand courtifan : &
quand ils font tellement ferrez que
l'air ne peut tranfparoir, eſtans ain-
fi affemblez fignifient auarice &
malignité: mais fi les doigts eſtans
droicts & eſtendus , fe renuerfent
& plient en arriere , ils denotent
l'homme enuieux , fubtil & in-
genieux , principalement fi les
doigts font menus.

S'ils ſe plient ſur la derniere iointure, ils ſignifient l'hóme enuieux: & eſtans fort eſpars, denotent miſere, pauureté, & bauarderie. Qui remuë les doigts, comme ſus vn clauier, ou tambour, c'eſt ſigne de ſonger mal: & qui a couſtume de frapper des mains en parlant, & ne s'en peut abſtenir, cela denote imperfection, & paſſion d'eſprit, & au contraire, ſi à quelqu'vn tremble la main, quand il l'eſtend pour prendre quelque choſe, cela ſignifie facile reconciliation de ſon ire, & petite ſanté, s'il n'eſt pas ieune: s'il eſt ieune, il n'eſt pas fort, mais eſt melancolique, ireux, triſte, & mal-penſant, quand aucun va vers quelque bien de ſon appartenance. Au demeurát il eſt goulu en mangeant, mal-vueillant, & querelleux. Si couſtumierement il tient

main close en cheminant, & branle
le bras, il est impetueux : & s'il tient
le poulce entre les autres doigts, il
est fort auare & tenant. Les ongles
larges, longues, blanches, tenuës,
presque rouges, denotent fort bon
esprit : mais longs & esteints, denotent folie & infirmité : & s'ils sont
recourbez, signifient rapacité. Si
les doigts sont maigres, ils denotent etique passió. Les ongles fort
courts, denotent l'homme mal-
vueillant & discordant : & autant si-
gnifient-ils estans pasles : quand ils
sont ronds & aspres, c'est signe de
luxurieux : mais s'il y a quelques
poincts blancs, cela denote bons
amis : & s'ils sont noirs, ennemis &
persecuteurs. La couleur blanche,
claire, & quasi rouge esgalement,
denote commune bonté d'esprit.
mœurs, & coustumes, pourueu
que

que telle couleur soit naturelle: &
si la rougeur gaigne la clarté en la
main, c'est signe de complexion
sanguine: & si elle est perse, cela signifie oisiueté, & principalement
quand elle est variée. Si telle rougeur est brune, elle denote grosseur de sang; mais si elle tire sur le
verd, ou bien sur le iaune, plus que
sur le blanc, elle signifie colere noire: si elle reuient sur couleur citrine, elle denote la personne co-
lerique: & si elle tient de la citrine
meslée auec blancheur, cela signifie perte d'esprit par amours, principalement si les yeux sont pro-
fonds & mobiles: mais si la blancheur surmonte, & que la rougeur
soit aucunement diminuee, cela
signifie abondance de flegmes; &
s'il y a participation de verdeur,
cela denote mauuaise qualité de

E

flegmes, c'est à sçauoir estant la couleur plombée. L'attouchement temperé & bon , consiste en la complexion determinée des premieres qualitez , dependantes de chaleur & douceur , fragilité, aspreté & grande carnosité de la matrice , pource qu'iceluy attouchement signifie bóté de complexion, grandeur d'entendement, & prompte apprehension d'esprit. L'attouchement chaud, meslé de douceur, est signe de chaude & humide cóplexion : & s'il est meslé d'aspreté, denote qu'elle est chaude & seche : & s'il est froid & meslé de douceur, c'est signe de flegmes : & s'il est meslé d'aspreté, c'est grande signifiance de melancholie. La grosseur de nerfs & ioinctures denote la personne forte : & s'ils sont menus, lasches & cachez, ils la signifient

debile. Les veines fort larges &
apparentes, denotét l'homme cho-
leric: les retirées, melancholic : les
profondes, flegmatic: & les apparentes, en suffisante proportion,
sanguin. Les cheueux en decente
quantité, & les poils sur le dos des
mains, & principalement enuiron
la partie inferieure, & vers le pouce, & les autres doigts, signifient
bonne complexion & virilité : mais
beaucoup de poil denote instabi-
lité : & si telle pilosité est mal or-
donnée & discontinuée, par cela
denote complexion desordónée,
& esprit de mesme : & s'il y a peu
de poil, c'est signe de froideur d'esprit. Si la main est sans poil, c'est
signe de mauuaises mœurs en l'hóme, & qu'il est fol, presomptueux,
& bestial: & estant sans barbe, il est
eunuque: mais s'il y a suffisammét

de poil sus le dos des mains, vers la percussion, tellement qu'il y en ait aucuns de couleur meslée iusques sur les deux premieres iointures, ils donnent à cognoistre que l'homme est de tres-bon esprit, & de grád & subtil entendement.

## D IVERSITE' D'OPINIONS, touchant le iugement.

AVCVNS veulent que les iugemens de ceste science ne s'exercent sinon en certains téps & iours, disans que l'on doit considerer la main dextre de l'homme en Esté seulement, ou en la prime vere, au Dimanche, au Ieudy : & celle de la femme, en Yuer, au Vendredy : mais pourtant ils n'ont point assigné certaine heure pour y

auoir égard. Il y en a eu d'autres de-
puis (peut-eſtre plus autentiques)
qui ont eſté d'auis que telle diuer-
ſité ſe deuoit obſeruer en quelques mains & aages; mais qu'on
priſt garde à la main dextre , tant
de l'homme que de la femme, c'eſt
à ſçauoir conſiderant les cinq lignes au mont du pouce : & ſi on ne
les y trouue , ils veulent qu'on re-
coure à la ſeneſtre : & ont voulu
auſſi qu'on conſidere les mains des
enfans , pour autant qu'en icelle
les ſignes ſont aſſez apparents. Les
naturelles lignes en la paume de la
main ſont quatre : & toute main
forme vne ligne directe vers le
Triangle, commençant au pied de
la ligne ſuperieure du Triangle ſu-
perieur , denotant la vie ſelon la
quantité de leur longueur : tellement que ſi elles ſe retroiſſiſſent

vers le vuide de cêt angle, elles denotent honneſte mort : & ſi ceſte
ligne directe paſſe par le trauers,
deuant la fin du Triangle, & qu'il
s'y face vn arc, moyennant vne autre ligne, cela ſignifie mort : & s'il
eſt long deuers la fin, mort en eau:
mais s'il ſe trouüe en la largeur du
Triangle vn O, la perſonne de-
meurera vierge : pourueu que çe-
ſte largeur varie par vne ligne
trauerſante. S'il ſe trouue vne telle
figure E, enuiron le premier doigt
du pied, en la ligne naturelle, cela
denotera religieuſe préeminence:
& ſi aupres la racine d'icelle ſe
trouuent trois verges entrecoup-
pées par vne petite noire H, I, c'eſt
ſigne de lepre. S'il ſort vne petite
branche du pied de la premiere
naturelle ou d'vne autre, c'eſt ſigne
d'aller en pelerinage voyager : & ſi

la ligne de vie, precedente d'icelle,
luy reſſemble au commencement,
elle ſignifie douleur de teſte. S'il
y a deux CC en la foſſe de la main,
c'eſt ſigne de tuer. S'il ſe trouue au
mont du pouce vne petite branche, qui fende iceluy pouce, elle ſignifie luxure entre ſes parents. Si
pluſieurs petites branches fortes
paſſent entre les deux iointures
du pouce par le trauers , c'eſt ſigne
de grand parentage : & au contraire, s'il ſe trouue en toute la percuſ-
ſion de la main dedans ou dehors,
pluſieurs lignes entre-meſlées, elles
denotent tenacité. Et ſi ſur la foſſe de la mitoyenne naturelle ſe
commence preſque vn G, qui paſſe par icelle , & que la table ſoit
courbe, c'eſt ſigne de retour de
quelque lieu que ce ſoit, auecques
felicité: & ſi en la ſuperieure ligne

deuers la fin d'icelle en la premiere
table se trouue vn P, il denote sei-
gneurie.

# F I N.

www.ingramcontent.com/pod-product-compliance
Lightning Source LLC
LaVergne TN
LVHW021159200726
843510LV00001B/442